AF267280

ÉMILE VADÉ,

PETIT COUSIN DE GUILLAUME,

A MADAME DUCHAUME.

IMPRIMERIE D'ANT. BERAUD,
Faubourg Saint-Martin, n°. 70.

ÉMILE VADÉ,

PETIT COUSIN DE GUILLAUME,

A MADAME DUCHAUME,

Marchande Coquetière de Pontoise.

« *Est modus in rebus.* »
« Les *rebus* sont à la mode. »

HORACE. (Traduction nouvelle , proposée par souscription.)

PARIS,

CHEZ DELAUNAY, LIBRAIRE,

Au Palais - Royal.

FÉVRIER 1817.

ÉMILE VADÉ,

PETIT COUSIN DE GUILLAUME,

A MADAME DUCHAUME.

Il ne faut pas, madame *Duchaume*, nous
mettre dans le cas d'outrepasser les permis-
sions qui nous sont données. Ce sont des *œufs
frais* que vous devez m'envoyer, et non pas,
comme cela vous est arrivé trop souvent, les
années dernières, des poulets dégoûtans et
près d'éclore. C'est abuser de la *dispense* et du
bon goût, que de nous tromper à ce point ; et
je crois devoir vous prévenir qu'après avoir si
souvent accueilli vos excuses, je suis décidé à
ne plus vous pardonner vos erreurs, et à casser
désormais les œufs d'une autre marchande, si
les vôtres continuent à être de mauvais aloi.

A propos *d'œufs*, madame *Duchaume*, con-
naissez-vous *Voltaire* et *Jean-Jacques Rousseau* ? — « Non, direz-vous, je n'ai jamais en-
» tendu parler de ces *Poulaillers-là*. » — Ce

I

ne sont point des *poulaillers*, ni des *coquetiers*, madame *Duchaume*, ce sont deux misérables morts depuis plus de 3o ans, qui ont abusé de la permission d'écrire, comme vous abusez du privilége de vendre des *œufs frais* pendant le carême. Ce sont des auteurs dont les écrits ont été brûlés par la main du bourreau, d'après des *réquisitoires* que signait M. l'avocat-général *Séguier*, il y a 5o ans, de la même main qu'il *déifiait* SA MIE dans des chansons bien épicuriennes, où il déclarait ne vouloir *ni se battre pour sa patrie*, ni *peindre pour son Roi*, mais *tout pour* SA MIE (*). « — Eh bien ! ajou-
» terez-vous, qu'y a-t-il de commun entre ma-
» dame *Duchaume* et ces faiseurs de livres
» brûlés ? » — C'était précisément ce que j'allais vous demander, et c'est une question que bien d'autres que moi voudraient vous adresser ; car, puisque vous vendez des œufs, et que votre grand'mére en vendait, il devrait exister dans votre famille une tradition qui nous expliquât comment, depuis plus d'un demi-siècle, on ne permet jamais de manger des œufs en carême, sans défendre, en même temps, de lire *Vol-*

______

(*) Voyez les Mémoires de *Bachaumont*.

taire et *Rousseau*, pendant toute l'année. L'indulgence pour les œufs et la rigueur contre ces philosophes marchent régulièrement de front, et la postérité vous aurait su gré, madame *Duchaume*, de lui avoir expliqué cet étrange amalgame.

Pendant que le seigneur de *Ferney* et l'ermite de *Montmorency* vivaient encore, ces attaques annuelles s'adressaient dumoins à des gens fort en état d'y répondre, et ils ne s'y sont quelquefois pas trop mal pris pour ramasser le gant. Mais aujourd'hui ce genre polémique ne pourrait être rajeuni même par la plus entraînante éloquence.

Ce serait bien vainement qu'on voudrait s'autoriser de la fougue de M. *Christophe de Beaumont*, et de son grand - pénitencier *Grisel :* il n'est pas possible de citer le nom de cet archevêque, sans retracer à la mémoire la fameuse réplique de *Rousseau*, et sans rappeler *l'opiniâtre résistance du Prélat contre l'autorité du Souverain et des Magistrats qui se débattaient, à leur tour, contre le pouvoir du Roi.*

Il serait bien plus déplacé encore de nous parler du Mandement de Février 1785, qui permettant, comme celui de Février 1817, de manger des œufs, proscrivait, comme celui-ci, *une nouvelle édition de* Voltaire. Les vertus non contestées de M. de *Juigné,* et les talens de l'ancien évêque de *Sénèz,* furent leur seule égide contre le ridicule alors déversé sur leur *Mandement* qui fut encore moins lu que ne fut chanté le *Cantique spirituel* qu'il avait fait naître (*).

Voilà, madame *Duchaume,* ce qu'il n'est plus permis à une *coquetière* d'ignorer, et ce qu'il lui importe de savoir *ab ovo usque ad mala,* depuis l'œuf jusqu'aux abominations, ou, comme d'autres traduisent, depuis l'œuf jusqu'aux pommes, ou depuis les *hors-d'œuvres* jusqu'au dessert, ou depuis le commencement jusqu'à la fin ; car il n'est pas du tout indifférent d'avoir plusieurs versions d'un même texte,

---

(*) Voici le troisième couplet relatif aux OEuvres de *Voltaire,* et à son éditeur : (La pièce a 7 couplets.)

A propos d'œufs, dans ce trésor
    L'on voit encor
L'écrivain le plus admiré
    Bien déchiré :
Puis il empoigne auteur, lecteur
    Et rédacteur,
Et lance tout, d'un bras de fer,
    Au feu d'enfer.

(9)

et de pouvoir l'expliquer suivant les circons-
tances.

C'est ce dont vous vous convaincriez, ma
chère Dame, si pendant vos voyages de Pontoise à Paris, et de Paris à Pontoise, vous vous
amusiez à comparer le Mandement qui vient de
paraître avec les Mandemens et les Oraisons que
le même Imprimeur a publiés en l'an 14, en
1806, 1807, 1808, 1809, 1810 et 1811 (*). As-

____

(*) Voyez aussi l'oraison funèbre de Buonaparte, par
une Société de Gens de Lettres (1814), chez *Delaunay*.

Je suis bien loin de vouloir rappeler des péchés passés,
pour lesquels les Prêtres ont tant de facilités de se faire
absoudre. Mais il serait par trop dur d'avoir aussi peu
de mémoire que ces messieurs. C'est toujours au nom de
Dieu qu'ils nous parlent : je conçois cela des Prophètes
Juifs, car leur langage a toujours été le même, et je sais
que Dieu est immuable. Mais comment oublie-t-on qu'on
m'a imposé l'obligation de croire que *l'invisible provi-*
dence avait désigné pour providence visible à toute
la nation, celui que la même bouche maudit aujour-
d'hui ? de croire que le *Trône français était sans tache*,
le 11 mars 1806, qu'alors *la Religion, Dieu même con-*
duisait celui devant qui il humiliait les têtes couron-
nées, le fondateur d'une dynastie dont le chef était
le modèle de toute sa succession ? de croire que *la*
Religion et l'Empire s'élevaient ensemble comme

surément, s'il était aussi facile de rapprocher les esprits que les expressions, nous pourrions

---

inséparablement unis par Dieu ? de croire que le chef de cette dynastie était le restaurateur de l'Église de France, et que la providence divine l'avait élevé au-dessus de toute l'histoire.... etc., etc.? (Moniteur du 11 mars 1806).

Comment oublie-t-on que dans le même temple de N. D. on a proclamé (1806) que *la Sainte-Vierge a obtenu, comme une grâce spéciale, que son glorieux tombeau enfantât pour la France le héros destiné à la régénérer....?* Il serait fastidieux de multiplier les citations ; mais ceci suffit pour que tous, nous nous humilions devant l'abîme des imperfections humaines, et pour que nous nous rappellions de la leçon du *Sauveur*, à l'occasion de la *femme adultère*.

Je sais qu'on a dit que le cœur n'était pour rien dans ces discours, et qu'il démentait les vœux prononcés par les lèvres.... Je ne puis consentir à accueillir un tel outrage contre des Français, contre des Ministres des autels. De tels imposteurs ne pourraient plus offrir à Dieu le sang de l'agneau sans tache, et les vents dissiperaient la fumée de leurs holocaustes. Le Dieu que nous servons veut être adoré *en esprit et en vérité*.

Je vois bien *Baruch* prier et faire prier pour *Nabuchodonosor*, et pour son fils *Balthasar*; mais c'est afin que Dieu touche le cœur de ces princes, et qu'il leur inspire la volonté de briser les fers d'Israël et de Juda, et de

tous , tous tant que nous sommes ; et sans aucun danger, mettre tous nos œufs dans un panier.

Quoi qu'il en soit, madame *Duchaume*, si pour le plaisir de voir vos œufs jouer un si grand rôle, vous lisez le Mandement, apprenez d'abord que la *contrition, vaste comme la mer,* n'est pas, comme vous pourriez le croire, celle de *Jérémie*, mais celle de *Jérusalem* et de *Sion*, qu'il voudrait consoler de ses malheurs, de sa captivité, de ses forteresses détruites, de ses munitions dissipées, et de la famine qui l'épuise, infortunes qu'il attribue aux prophètes qui avaient négligé de provoquer le peuple à la pénitence,

renvoyer les Hébreux obéir à leurs *souverains légitimes.* Il ne s'en cache pas : *nudè nuda loquitur.*

Ministres du Tout-Puissant, cessez de toujours parler en son nom, et de nous châtier aujourd'hui pour vous avoir obéi hier. Ne vous séparez point de votre troupeau qui vous a suivis dans les pâturages, et sur les grandes routes où vous l'avez guidé ; ne lui criez point : *tu as péché.* Élevez, pour lui et pour vous, les mains vers le Seigneur, et dites : *nous avons péché.*

Prêchez-nous humblement ses sages et immuables commandemens : mais n'ayez pas l'orgueil de vous prétendre les *interprètes de ses volontés.* Il n'est point donné aux mortels de sonder l'auguste profondeur du sein de la divinité.

et qui tous mentaient, tant prêtres que prophètes (*).

Apprenez que si *Jérémie* nous montre la *terre extrémement désolée*, c'est que *beaucoup de pasteurs ont détruit la vigne du Seigneur; qu'ils en ont fait une solitude*, parce que *tous les dévastateurs sont arrivés par toutes les routes du désert, et qu'ils se sont emparés d'un héritage qui ne leur profitera pas;* et ce même chapitre ne finit pas sans annoncer la miséricorde de Dieu envers son peuple.

Apprenez que s'il est vrai, comme le dit le Mandement, que la *terre n'existe que pour l'Eglise*, ce qu'on s'occupe beaucoup de nous répéter, ce n'est pas du moins dans le passage cité que l'apôtre nous l'enseigne ; car dans ce verset, il ne parle que des *souffrances qu'il endure dans sa prison, comme un malfaiteur*, mais qu'il supporte *pour les élus, (propter electos)*, afin qu'ils soient sauvés en Jésus-Christ. J'ajouterai que la fin de ce même chapitre, bien loin de dire que *les méchans ne méritent que le courroux de Dieu*, recommande, au contraire, de *reprendre, avec modestie, douceur*

____

(*) Jérémie, chap. VIII. 10. — VI. 13. — Isaïe, LVI. 11.

et patience, ceux qui résistent à la vérité ; attendu que Dieu peut leur inspirer le repentir et les éclairer (*).

Apprenez que si *l'enfer dilate ses entrailles dans le Cantique du cousin d'Isaïe, c'est parce que le peuple de Dieu est tombé dans l'esclavage, faute de lumières ; que ses nobles sont morts de faim, et les roturiers de soif, et que l'enfer s'ouvre, à la fois, et pour les forts, et pour le peuple, et pour les grands, et pour les orgueilleux, et pour ceux qui substituent la lumière aux ténèbres, et les ténèbres à la lu*-

____

(*) Le proverbe dit que *qui choisit prend le pire.* Il est vrai qu'en général il est peu de citations extraites des livres saints qui ne puissent être avantageusement suppléées par de plus convenables. Mais je n'ai pas du moins connaissance qu'aucun prédicateur ni aucun secrétaire d'Évêque, dans un Sermon ou dans un Mandement, ait été curieux de prendre le Prophète *Ezéchiel* pour modèle ; *c'est une preuve de bon goût*, et l'on peut s'en convaincre en lisant les versets 12 et 15 du chap. IV de sa prophétie.

Cependant *Ezéchiel*, mangeant un volume, par ordre de Dieu (chap. III), serait une assez vive image de ceux qui proscrivent les livres, si, d'ailleurs, après ce repas, sa bouche ne s'était remplie de miel, ce qui ferait *clocher la comparaison.*

mière , *et pour ceux qui disent que ce qui est mal est bien, et que ce qui est bien est mal* (*); ce qui, comme vous voyez, prépare de la place pour bien du monde : *Nudè nuda loquor.*

Apprenez que le douzième siècle que *Saint-Bernard* aurait appelé un *siècle d'or* , s'il eût pu le comparer au nôtre, dit le Mandement, fut tellement souillé par les abominations, que les *Croisades* prêchées par ce grand saint, eurent une issue et des résultats entièrement opposés à ceux qu'il avait solennellement *prédits* ; et qu'elles amenèrent un *divorce royal* qui engendra des guerres meurtrières et interminables entre la France et l'Angleterre. On reprocha vivement au Prophète le meurtre inutile d'un million d'hommes; mais il s'excusa sur les crimes des *Croisés* , et sa gloire n'en reçut qu'une légère atteinte ; ce qui est encourageant pour ceux qui veulent encore prophétiser. Et quand, deux ans après , ce saint docteur prêcha une seconde Croisade, et que le pape voulut qu'il passât lui-même en la Terre Sainte, afin d'y entraîner un plus grand nombre de fidèles , *Bernard* ne crut point

____

(*) Isaïe, chap. V. 13, 14, 20.

devoir se rendre à cette invitation : ce qui est d'un bon exemple pour ceux qui allument les torches de la guerre, loin des champs de bataille.

Mais, madame *Duchaume*, puisqu'on nous parle de *Saint-Bernard*, on ne trouvera pas mauvais que nous cherchions à le connaître.

Ses vertus et ses lumières, sa conduite et son éloquence, contrastaient avec les vices et l'ignorance de son siècle ; aussi exerça-t-il une grande influence sur les affaires publiques. Mais il fut jaloux du pouvoir du *Sugger*, abbé de Saint-Denis, premier ministre du roi de France, et de la réputation d'*Abélard*, et d'autres savans de ce temps-là. Je ne vous cite qu'*Abélard*, parce qu'après ce nom, les autres ne pourraient vous intéresser. Le malheur que vous savez fut une bagatelle en comparaison de toutes les persécutions que *Bernard* fit éprouver à cet amant infortuné de la belle *Héloïse*.

Vous avez lu, dans le Mandement, (p. 15) que de graves ecclésiastiques n'hésitent point, d'après le Prophète, à se comparer à des *chiens*. Rétablissons, d'abord, le texte de l'écriture, suivant notre coutume : « Toutes ses » sentinelles ont été aveugles ; toutes sont res- » tées dans l'ignorance ; ce sont des chiens

» muets qui ne peuvent aboyer, qui ne voient
» que des choses vaines, qui dorment, et qui
» ne se plaisent qu'à rêver...., et ces chiens
» très-impudens ne surent point se rassasier :
» les pasteurs eux-mêmes n'ont point eu d'in-
» telligence, tous sont retournés à leurs habi-
» tudes, à leur avarice, tous, depuis le premier
» jusqu'au dernier (*).

Vous voyez que de tous ces terribles ana-
thèmes qu'on *découpe* adroitement des livres
saints, il y en a beaucoup qui vont à une autre
adresse que la nôtre, et comme le disait le
prêtre *Mackarty* à madame la maréchale de
N.... pleurant à un vers de MARIANNE, *il
y en a pour tout le monde.*

Puis donc que la comparaison avec les *chiens*
est sanctifiée par Isaïe et par un Mandement,
sachez que la mère de notre *Saint-Bernard,*
étant enceinte, avait rêvé qu'elle accouchait
d'un chien blanc qui avait le dos roux, et qui
aboyait très-haut. Un moine consulté par elle,
et inspiré d'un souffle prophétique, (*vaticinii*

(*) Isaïe, liv. VI. 10, 11. (Nous devons cette justice
au prophète que, nulle part, il ne parle de *chiens en-
ragés*).

spiramine afflatus,) lui annonça qu'elle serait mère d'un excellent *chien* qui garderait
la maison du Seigneur, et qui aboierait soli-
dement contre les ennemis de la foi. L'événe-
ment, dit l'historien (*François Amboëse*),
confirma la prédiction, et *Saint-Bernard* n'é-
pargna personne, *nec enim ulli pepercit.*

« Mais, dit à cette occasion, un profond dia-
» lecticien , à ceux qui sont assez *ingénus*
» pour se comparer à des *chiens*, faites du bruit
» contre tout venant, si vous êtes dans les ténè-
» bres, soit à cause de votre incapacité, soit à
» cause que les passions vous offusquent le ju-
» gement; et si vous avez la bonne foi de recon-
» naître la nuit qui vous environne , on doit
» vous faire grâce et vous excuser; mais si vous
» prétendez à la qualité de grands docteurs,
» qui n'agissent que pour la gloire de Dieu,
» sans aucun motif de vengeances personnelles,
» et que néanmoins vous enveloppiez une infi-
» nité d'honnêtes-gens dans vos *délations*, dans
» vos *déclamations*, vous êtes indignes de votre
» poste. Vous êtes des *chiens* qui se ruent indif-
» féremment sur les amis et sur les ennemis de
» la maison , ce qui ne peut causer que mille
» désordres; vous êtes de ces *dogues anglais*,

2

» dont le pére *Maimbourg* fit une fois le qua-
» trième point de son sermon.... » (*)

En effet, *St.-Bernard* multiplia contre ceux qu'il persécutait, les lettres les plus violentes

---

(*) *Buffon* nous apprend que les chiens dégénèrent et qu'*ils perdent la voix* dans les pays chauds. Nous n'avons pas à craindre ce dernier inconvénient dans notre climat. Cependant les Romains crucifiaient un *chien* tous les ans, pour se venger de ce que leurs *chiens* ne les avaient pas avertis, par leurs aboiemens, de l'approche des Gaulois du Capitole. Ces Romains, si vantés, étaient un peuple bien barbare.

Rien ne prouve mieux que tout ce que nous venons de lire, que *toute comparaison cloche*.

Aussi ne peut-on que sourire de pitié quand on songe aux rapprochemens que *Lafontaine*, *Boileau*, et autres conteurs, se sont amusés à faire avec un autre animal domestique, mais indépendant, dont le *Dictionnaire d'Histoire Naturelle* (Bauche, 1763) nous dit que la cervelle est un poison, et que *Buffon* a si bien décrit :

« Le *chat* (si vénéré en Egypte) est un domestique infi-
» dèle qu'on garde par nécessité..... Il a de la gentillesse,
» mais en même temps une malice innée, un caractère
» faux, un naturel pervers que l'âge augmente encore, et
» que l'éducation ne fait que masquer.... De voleur déter-
» miné il devient seulement, lorsqu'il est bien élevé,
» souple et flatteur comme les fripons; il a la même
» adresse, la même subtilité, le même goût pour faire le

aux cardinaux et au pape : il n'y parlait que *d'erreurs*, de *sacrilèges*, de *lions* et de *dragons* : il en dictait de semblables aux évêques et surtout à l'*archevêque de Rheims*, pour appeler

---

» mal ; comme eux, il sait couvrir sa marche, dissimuler
» son dessein, épier les occasions, attendre, choisir, sai-
» sir l'instant de faire son coup, fuir ensuite et demeurer
» éloigné jusqu'à ce qu'on le rappèle. Il prend aisément
» des habitudes de société, mais jamais des mœurs. Il n'a
» que l'apparence de l'attachement : on le voit à ses mou-
» vemens obliques, à ses yeux équivoques : il ne regarde
» jamais en face ; soit défiance ou fausseté, il prend des
» détours pour approcher, pour chercher des caresses
» auxquelles il n'est sensible que pour le plaisir qu'elles
» lui font.... Le *chat* paraît ne sentir que pour soi, n'ai-
» mer que sous condition, ne se présenter au commerce
» que pour en abuser.... Sa forme et son tempérament
» sont d'accord avec son naturel. Il est adroit, propre et
» voluptueux ; il aime ses aises : il cherche les meubles
» les plus mollets pour s'y reposer et s'ébattre. Il est aussi
» très-porté à l'amour....... Ses coups de pattes sont à
» craindre, son badinage n'est jamais innocent...... Son
» naturel est ennemi de toute contrainte..... Il n'a aucune
» docilité..... Après s'être joué longtemps de sa proie, il
» la tue sans nécessité, lors même qu'il est le mieux
» nourri, et qu'il n'en a aucun besoin pour satisfaire son
» appétit.

　» On ne peut pas dire que le *chat*, quoiqu'habitant

*

à grands cris les foudres de la cour de Rome, moins exagérée que ces prélats. Ils parvinrent par leurs clameurs à fermer tout accès, à interdire toute justice à l'infortuné *Abélard ;* et ses

---

» nos maisons, soit un animal entièrement domestique : le
» mieux apprivoisé n'en est pas plus asservi ; on peut dire
» qu'il est entièrement libre : il ne fait absolument que
» ce qu'il veut ; il est à demi-sauvage, ne connaît point
» de maître, fréquente les greniers et les toits, et souvent
» la cuisine et l'office : aussi prend – il moins d'attache-
» ment pour les personnes que pour les maisons...... Il
» craint l'eau, le froid et les mauvaises odeurs : il aime
» les parfums, et il se laisse volontiers caresser par les
» personnes qui en portent..... Il cherche de préférence
» les viandes les plus délicates, et il aime le poisson. Il
» dort moins qu'il ne fait semblant de dormir ; il marche
» presque toujours en silence et sans faire aucun bruit.
» Comme il est propre, et que sa robe est toujours sèche
» et lustrée, son poil s'électrise aisément, et l'on en voit
» sortir des étincelles, dans l'obscurité, lorsqu'on le frotte
» avec la main..... Le chat domestique a les boyaux plus
» longs que le chat sauvage ; mais celui–ci est plus fort,
» il a les oreilles plus roides, et la queue plus grosse.....
» Les chats du *Korasan*, les *Angora* et les *Chats-Char-*
» *treux* paraissent être une même race : le plus beau de
» leurs corps est la queue.... »

Il est certainement impossible de trouver dans toute cette description que *Buffon* avait, dit-on, malicieuse-

œuvres qui faisaient tant de gloire à la France, qui éclairaient toute l'Europe, furent livrées aux flammes dévorantes, comme un tissu d'iniquités où allèrent s'ensevelir ignominieusement et pourrir dans la poussière des vieilles bibliothèques. *Ità ut miser ille inauditus... et ejus exemplaria quæ Galliam Italiamque, splendore collustrarant, tanquam horrendi criminis carmina vel voracibus rogis cremenda traderentur, vel in situ, squallore et cinere veterum bibliothecarum latitantia putrescerent.* (Amboësius.)

Vous en concluerez qu'au moins le pauvre eunuque était un hérétique. Point du tout, sa doctrine était orthodoxe; les savans le poursuivaient par malice, les autres par ignorance, et l'abbé de St.-Denis, contre la dissolution duquel il s'était élevé, imagina de joindre aux autres accusations celle de *crime d'état*, « artifice dont » on s'est servi tant de fois depuis que les Juifs » l'employèrent contre Notre Seigneur, qu'il

---

ment détaillée, aucune analogie avec rien de ce que nous connaissons, si ce n'est avec le *chat* lui-même. Il n'y a que des poëtes livrés aux fictions, ou des prophètes en courroux, qui puissent, dans leur style oriental, l'appliquer à d'autres objets.

» est étrange qu'on ose encore s'en servir au-
» jourd'hui. Ne devrait-on pas craindre qu'une
» lâcheté aussi uséé de vieillesse ne fût incapa-
» ble de séduire ? Non , le monde est trop indis-
» ciplinable pour profiter des maladies des siè-
» cles passés. Chaque siècle se comporte comme
» s'il était le premier venu : et comme l'esprit
» de persécution et de vengeance a tâché, jus-
» qu'à présent, d'intéresser les souverains dans
» ses querelles particulières, il tâchera de les y
» mêler jusqu'à la fin du monde. Nos descen-
» dans diront, aussi bien que nous :

« Qui méprise *Cotin* n'estime point son Roi :
» Et n'a, selon *Cotin*, ni foi , ni dieu , ni loi ».

Ce *Cotin*, madame *Duchaume*, était un
prédicateur, et *Boileau* qui en parlait si cava-
lièrement était estimé, aimé, pensionné de
Louis le-Grand, petit-fils d'*Henri IV*, et aïeul
de *Louis XVIII*.

Quoique vous me connaissiez très-peu sérieux,
l'occasion était trop belle pour n'en pas profiter, et pour ne pas montrer jusqu'à quel point
la passion, la haine et le ressentiment peuvent
égarer les plus savans docteurs et les plus saints
personnages, et ce qu'on doit craindre de ceux
qui ne seraient ni aussi saints, ni aussi savans
que *St.-Bernard*. Les buchers, sans doute, ne

peuvent se rallumer ni pour les hommes, ni pour leurs écrits; mais nous ne sommes pas encore à l'abri d'une foule de petits scandales, de petites tracasseries qui nous rendent la fable des nations émancipées par la raison. Les indigens longtemps et généreusement assistés par le célèbre astronome *Lalande*, furent sa sauve-garde; son respectable pasteur résista à de sourdes insinuations : mais tous les ecclésiastiques ont-ils la sagesse du curé de Saint-Benoît? On voudrait se le persuader, poursuivons :

Un *Ammien Marcellin* qui était plus grand grec que vous et moi, en désignant un *évéque délateur*, disait qu'il avait oublié que sa profession ne conseille rien qui ne soit juste et pacifique, et qu'un ecclésiastique qui s'érige en délateur auprès des Princes (*apud Constantii aures multos incusans ut ejus recalcitrantes imperiis*), déshonore son caractère. Mais nous ne sommes plus aux règnes des *Constance* et des *Valence* dont le premier massacra toute sa propre famille, sous les plus vains prétextes, et dont le second se complaisait au supplice des malheureux qu'il faisait torturer.

La Providence, avec des miracles que célèbre le Mandement, a conduit par la main, et placé sur le trône des Lys un Prince sage, clément éclairé, qui ferme l'oreille à l'adulation, et qui l'ouvre à la respectueuse vérité, dont l'âme se livre aux plus douces émotions, et le cœur à la céleste bienfaisance, dont l'esprit cultivé et récréé par les ouvrages que le fanatisme voudrait proscrire, jouit des nobles jouissances que les autres hommes savent y puiser, sans s'effaroucher des imperfections qui s'y sont glissées ; un Prince qui, mandataire de la Divinité sur la terre, dédaigne de voir son nom servir de voile à la vengeance, et son autorité d'instrument à la persécution, et qui, sensible à nos infortunes, ne voudra jamais que pardonner, plaindre et consoler.

· Non, *l'honneur des premiers prodiges de Dieu ne sera point compromis* (ainsi qu'on ose *en menacer Dieu lui-même*), parce qu'on aura lu dans *Emile* qu'à force de voir mourir et souffrir, *les prêtres et les médecins deviennent impitoyables ;* car *Saint-Vincent-de-Paule*, à qui l'on n'aurait point élevé de statue dans le siècle des Croisades, ni dans celui des Dragonades, a, dans le sein du clergé, de nombreux imitateurs ; car le nom des *Coste*, des *Desgenettes*, des *Percy*, des *Larrey*, des *Lepreux*, des *Pelletan*, des *Chaussier*, des *Husson*, des *Leroux*, des *Corvisart*, des *Alibert*,

des *Laroche*, des *Richerand*, des *Souberbielle;*
des *Lallement*, des *Pinel*, etc., etc., n'est prononcé qu'avec l'attendrissement de la reconnaissance et par les militaires et par les indigens. Combien de fois l'ecclésiastique charitable
n'a-t-il pas partagé son *nécessaire* avec le mo-
ribond qui n'attendait de lui que des secours
spirituels? Combien de fois la main habile qui
guérissait, n'a-t-elle pas laissé, sur le grabat du
pauvre, de quoi fournir à ses besoins et substan-
ter sa famille?

Non, *l'honneur des premiers prodiges de
Dieu ne sera point compromis*, parce que
nous trouverons dans *Voltaire* l'arrêt prononcé
le 28 juillet 1629 par le juge des moines de
Saint Claude, qui condamne à mort le nommé
Guillon, atteint et convaincu d'avoir, un samedi
de carême, emporté, fait cuire et mangé *un
lambeau de cheval jetté à la voirie;* car aujourd'hui il n'est pas de juge, même dans les
petites républiques, assez hardi pour porter un
aussi atroce jugement, ou pour se vanter,
comme le même bailly de Saint-Claude, d'avoir
fait *brûler, à lui seul, sept cents sorciers.* On
regarderait comme un assez grand supplice
l'horrible nécessité qui aurait contraint un malheureux de disputer aux animaux carnassiers

le cadavre d'un cheval. C'est du pain et non un échafaud que toutes les mains offriraient à un tel affamé.

Et ce changement dans nos mœurs, cette amélioration dans nos institutions, ce n'est, il faut le dire, ni *aux livres de Moyse* qu'on ne peut comprendre, ni *à l'Histoire révoltante des Juifs*, ni *aux Actes des Conciles* (*), ni *à*

(*) Si *l'Histoire Juive* paraissait aujourd'hui, pour la première fois, comme un *roman*, nul doute qu'un *Mandement* n'en défendît la lecture comme d'un ouvrage où tous les crimes, toutes les absurdités, toutes les obscénités, sont mis en pratique avec un cynisme rebutant.

Quant aux *actes des Conciles*, où tant de contrariétés marchent de front, est-ce sérieusement qu'on offre à l'instruction des Fidèles, les 37 volumes in-f°. de 1644, ou l'édition des *Jésuites* de 1672, qui n'a que 17 volumes, mais qui est d'un quart plus ample que la précédente, ou l'édition du chimérique père *Hardouin*, autre Jésuite, qui inséra (1715) des Conciles supprimés par *Labbe* et *Cossart*, qui en retrancha d'autres, et qui d'ailleurs ne croyait à l'authenticité d'aucun Concile avant celui de *Trente*? Le Parlement proscrivit son édition, et le grand-conseil la protégea. Heureux temps où les brouillons étaient toujours sûrs d'avoir une autorité en leur faveur, et où, protestant de leur fidélité, ils pouvaient, au nom du Roi, désobéir au Roi! Au reste, *Hardouin* pré-

la Tradition ensanglantée de 18 *siècles*, ni
aux Saints Docteurs , *Jérôme* , *Augustin* ,
Chrysostôme , *Ambroise* , *Thomas* et *Bernard* ,
que lisent très-peu même les hommes du mé-
tier ; mais c'est à la *Vie de Jésus-Christ* , mise
depuis peu d'années à la portée de la multi-
tude ; c'est aux trop courtes épitres de *Saint-
Jean* qui ne cesse de nous répéter *de nous
aimer les uns les autres* , et que *celui-là hait
Dieu qui n'aime point son frère* ; c'est aux
écrits de ce *Fénélon* qu'on ne plaça point au
rang des *Pères de l'Eglise* , mais dont l'auguste
élève, père de Louis XV, aurait reçu des Français le nom de *second père du Peuple* , si Dieu
avait laissé monter sur le trône le vertueux et
philosophe Duc de Bourgogne. D'après ses
décrets éternels, les Rois philosophes ne de-
vaient ceindre le diadême que dans le dix-
neuvième siècle, et après que les œuvres de
Fénélon , de *Bayle* , de *Charles Bonnet* , de
Montesquieu , de *Buffon* , de *Voltaire* et de
Jean-Jacques , auraient préparé les esprits à

---

tendait qu'il ne s'était pas levé toute sa vie, à quatre
heures du matin, pour ne dire que ce qu'on avait dit avant
lui….. Voilà de sûrs guides pour les Fidèles !

être gouvernés au nom des lois et de la raison, et à payer le bienfait d'une sage et libérale législation par le tribut de l'amour et de la reconnaissance.

Croyons que les Prélats, qui se sont élevés dans le siècle dernier contre les chefs-d'œuvres de l'esprit humain, n'avaient point eu le temps de les lire et de les méditer, et qu'ils n'ont voulu sévir (autant que pouvait s'étendre leur juridiction) que contre quelques passages qu'on avait eu soin de placer sous leurs chastes yeux; croyons que des *baisers trop âcres*, que des *talens unis à de longues oreilles* auront suffi pour armer leur courroux et pour allumer leurs petites foudres, mais que le philosophe, le grand poëte, l'ingénieux historien, le peintre de Henri IV, trouveraient grâce aujourd'hui devant leurs Grandeurs.

Oui, connaissez, mais connaissez bien, *sous le rapport de la morale*, les écrivains dont on nous offre les productions. J'ouvre d'abord le *Traité de l'Éducation*, brûlé par le parlement, qui n'a pas toujours brûlé que des livres, proscrit par Genève (par Genève !!!), condamné par l'archevêque de Paris, censuré par la Sorbonne, qui porta de plus funestes décrets, et je trouve, dès le livre premier, cette éloquente

philippique contre les mères qui éludent le plus
saint de leurs devoirs, et cette attrayante description du ménage où les enfans ont été allaités
et soignés par celle qui leur donna le jour. Tout
ce qui m'entoure m'instruit des miracles de l'éloquence, et de son triomphe éclatant qui en-
chaîna de fleurs les pieds de la jeune épouse au
berceau de son enfant, qui écarta le sein mer-
cenaire, et qui restitua à la nature déshéritée le
trésor du premier sourire et du premier baiser.

Émile, sur les genoux d'une bonne mère, est
dans un fort inattaquable; il aura pour défen-
seurs, n'en doutez pas, tous ceux devant qui
Henri IV, à genoux et chargé de ses enfans,
aurait pu achever le tour de sa chambre.

Quant à *Voltaire*, l'imagination ploye sous le
souvenir de ses chefs-d'œuvres multipliés. Les
plaisirs qu'il a procurés, les larmes qu'il a fait
couler, les lumières qu'il a répandues, les malheureux qu'il a vengés, sauvés ou consolés, tout
s'unit pour défendre sa mémoire contre lui-
même et contre les autres. Il eut *de l'homme*,
sans doute; eh! qui n'en a pas? qui même en
a plus que celui qui passe sur la terre sans y
laisser la moindre trace d'un bienfait? Mais
qu'importe que quelques matériaux impurs
soient entrés dans la composition de la statue

de *Memnon*, si, dès les premiers rayons du soleil, ce monument colossal ne cesse de rendre des oracles et de faire entendre des sons harmonieux ? Ombres des *Sirven* et des *Calas*, des *Labarre* et des *d'Etallonde*, des *Bing* et des *Montbaillis*, on demande qu'a fait *Voltaire* pour ses semblables ? Répondez. Répondez, enfans, aujourd'hui affranchis des serfs du Jura, des esclaves de moines cruels et orgueilleux ; répondez, vous surtout, grande ombre d'un guerrier qui expia, sur un indigne échafaud, les défaites des troupes de la Compagnie des Indes, anglaise, et son incorruptible sévérité contre les agens de la Compagnie des Indes, française. Mânes d'un héros dont le supplice n'a pu flétrir les lauriers, répondez ; mais non, gardez un noble silence ; laissez un triomphe à la piété filiale ; laissez un sage replacer sur sa base le buste honoré de son père, et offrir à sa mémoire le plus glorieux hommage dans le spectacle de tous les services, de tous les courages, de toutes les vertus, unis au nom qu'il tient de *Lally-Tollendal*.

Et vous, *Tolérance*, descendue du ciel pour unir tous les hommes, ne joindrez-vous pas les doux accens de votre voix angélique au concert de la reconnaissance ? Ne direz-vous pas à quel sublime écrivain les hommes doivent de s'être familiarisés avec les sentimens qu'il vous est aujourd'hui permis de faire naître? Qui vous a protégée contre le fanatisme implacable? quelle main vous a défendue contre ses outrages? Qui a démontré qu'*un même autel pouvait recevoir les holocaustes et les oblations des naturels et des étrangers, et que la maison du Seigneur pouvait enfin être nommée la maison de la prière de tous les peuples*, suivant les paroles du Prophète, si voisines de celles qui nous ont été citées : « *Et filios advenæ... holocausta* » *eorum, et victimæ eorum placebunt mihi* » *super altare meo, quia domus mea domus* » *orationis vocabitur cunctis populis* (*) ».

Serait-il possible autrement que les nations, que les Gouvernemens s'unissent de liens indissolubles, que le bonheur de l'humanité et le repos du monde devinssent leur unique étude, et la source la plus pure de leur gloire? Comment aimerait-on quelques instans ceux que l'on se croirait destiné à haïr pendant l'éternité? Que serait le doux nom de *frère* entre les souverains, entre les sujets d'un même prince, si l'on pouvait y joindre l'idée accablante d'une

______

(*) Jsaïe, LVI. 6. 7.

éternelle et funeste séparation? Que paraîtraient, aux yeux de la religion et de la bonne foi, les éloges que les alliés reçoivent dans le Mandement, les vives actions de grâces qui leur sont adressées, si l'anathême était commandé aux mêmes lèvres, et s'il était besoin de recourir à l'antiquité et de leur montrer la prêtresse *Théano* résistant à un décret public, refusant de maudire *Alcibiade*, et prononçant ces mots dignes d'un ministre de la plus pure des religions : « *Les prêtres sont institués pour* » *prier et pour bénir, et non pour détester et* » *pour maudire.* »

Déjà l'éditeur de *Voltaire*, en 12 vol. *in-8°*, a fait appel à l'opinion publique, à la raison, à l'équité, des malédictions lancées contre lui, et des rapprochemens perfides, s'ils n'étaient mal-adroits, qu'on essaie d'établir entre une spéculation commerciale et les atrocités qui ont souillé notre terrible révolution. Il a, surtout, relevé l'assertion inexplicable du *Mandement* qui ose rejeter, *après le 21 janvier 1793*, les honneurs du Panthéon accordés à *Voltaire* et à *Jean-Jacques Rousseau*, par des décrets rendus les 4 avril et 16 octobre 1791, et sanctionnés par le roi Louis XVI, de douloureuse mémoire. Croyez après cela aux histoires composées par ceux qui, *seuls*, savaient lire et écrire dans nos bons siècles d'ignorance. Sans doute l'éditeur des mêmes œuvres de Voltaire, en 35 tomes *in*-12, ne voudra pas demeurer seul sous le poids de ce redoutable anathême : sans doute il fera remarquer les précautions qu'il a prises pour qu'un même tome ne contînt que des pièces analogues, et pour que, sans affectation, un père de famille pût écarter des yeux de ceux auxquels *summa debetur reverentia*, les volumes qui renferment les écrits trop libres ou trop indépendans. Madame *Duchaume*, je vous recommande l'une ou l'autre édition, le tout soit dit, sans nuire au commerce des *petits pâtés* que le grand *Bossuet* assurait être plus lucratif que celui des *livres*.

Vous êtes tout étonnée de voir que je n'aie point perdu de vue que c'est à vous que j'écris. Vous désespériez de renouer conversation avec votre bon ami *Emile Vadé*, et vous ne trouviez pas extraordinaire que, dans une question de cette importance, je parlasse à d'autres qu'à la grosse coquetière de Pontoise.

Vraiment je confesse que, dans ma lettre *comme dans le Mandement*, les œufs ne sont qu'un prétexte; mais il n'en faudrait pas con-

clure que votre intervention soit *inconvenante.*
Songez que Jésus-Christ, dans son inépuisable
bonté, ne s'est clairement expliqué et lon-
guement entretenu qu'avec une femme, une
schismastique dont les premières réponses prou-
vent l'extrême simplicité, et qui, ayant eu déjà
cinq maris, avait bien un petit reproche à se
faire, puisqu'il paraît qu'elle s'était lassée des
cérémonies nuptiales, et qu'elle s'était décidée
à s'en passer désormais, à l'égard du sixième
homme avec lequel elle vivait. Or, vous n'en
êtes pas là, madame *Duchaume ;* je vous con-
nais comme bonne catholique, comme femme
de beaucoup de bon sens, comme mariée seulement en troisièmes noces, et comme extrè-
mement fidèle au papa *Duchaume.* Assurément
on peut bien vous parler de ce dont tout le
monde parle, et vous écrire de ce qui met
la main à la plume à tous les *raisonneurs,* et
de ce qui réveille l'attention de tous ceux qui
réfléchissent.

Mais puisqu'il est bien convenu que c'est seulement pour marcher sur les traces de nosseigneurs de *Beaumont,* de *Juigné,* de *Sénéz*
et du sieur *Grisel,* que l'on a cassé des *œufs;*
que c'est pour saisir l'à-propos qui renaissait
après 32 ans, qu'on nous donne une *nouvelle*

édition du Mandement de février 1785, sans avoir trop réfléchi, cependant, que d'autres écrits ont conservé la mémoire de toutes les gaietés que cette pastorale sur les *œufs* et contre *Voltaire* avait fait éclore, et que peut-être le scandale allait naître au lieu de l'édification, n'attachons aux anathêmes et à l'excommunication du cloître Notre-Dame, pas plus d'importance qu'à l'excommunication fulminée régulièrement tous les jeudis saints, je crois, contre les Juifs, les hérétiques, les schismatiques et les insectes. Effrayons-nous moins encore de la cérémonie du fagot, au bas de l'escalier du palais. Les œuvres condamnées au feu, nouvelles *Iphigénies*, passaient dans la bibliothèque des avocats généraux, et on leur substituait de vieilles *biches* ou des bouquins moisis sous les piliers. Je vous demande si des magistrats jeunes, spirituels, avides de s'instruire, plus avides de s'amuser, auraient eu l'ingénuité de sacrifier au bucher une édition de *Voltaire*, de *Rousseau*, de l'*Encyclopédie*, que nosseigneurs eux-mêmes choyaient dans leur cabinet? Le *bélier* se trouvait, à point nommé, pour prendre la place d'*Isaac*, et le sacrifice était consommé, sans qu'il en coûtât des larmes à personne. Tout le monde sait que

M. *Désange*, libraire, petite rue Saint-Louis, tenait de M. le Lieutenant-Général de Police le *privilége* de vendre tous les livres prohibés.

Ainsi ne prolongeons pas plus notre courroux qu'on ne le faisait alors, et souffrons que les œuvres du génie concourent à notre soulagement et à notre consolation.

Mais ce qui mérite une observation de notre part, c'est la froide recommandation de *l'aumône* en *compensation* du pouvoir de manger des *œufs*, ou peut-être du *bœuf*, au lieu de saumons, de truites, de carpes ou de turbots. Est-ce sur un si faible tarif que les charités chrétiennes doivent être évaluées et excitées à une époque aussi calamiteuse?

Est-ce au moment où les fléaux du ciel, ayant détruit nos ressources, menacent encore notre espérance; où le commerce est languissant et l'industrie inactive ; où tant de membres de Jésus-Christ souffrent le froid et la faim; où l'Etat lui-même appelle tous nos efforts, et commande tous les sacrifices; où le Roi et sa famille ouvrent la route de la bienfaisance, dans laquelle tant de citoyens se sont déjà précipités avec émotion, qu'après vingt pages de malédictions, les *prêtres du Seigneur*, pour lesquels l'autorité législative déploie une si vive sollici-

tude aujourd'hui même (*), doivent se conten-
ter d'un *avertissement* de huit lignes pour une
aumône de compensation? Ah! cette sensibilité
si exquise qui a toujours signalé le clergé de ce
diocèse, et surtout les vénérables et infatigables
curés de Paris, ne trouvait-elle plus de place
dans des cœurs uniquement occupés alors du
danger de nos âmes? et pouvons-nous espérer
du moins de voir paraître, dans un moment
plus calme, une homélie plus analogue aux cir-
constances, et dont la persuasive éloquence
invoquera de nouveau, non *les trésors de la
vengeance céleste*, mais ceux de la charité des
riches; une pastorale où le bonheur de secourir
ses semblables, et de faire naître un sourire sur

---

(1) Au moment où cette lettre s'imprime, on apprend
que le Clergé, confiant dans la providence qui nourrit les
oiseaux du Ciel, et qui, pendant les 28 dernières années
de ruine et de tribulations, n'a pas permis qu'un seul de
ses membres fût au nombre des douze millions de Français,
qui, selon le marquis *Ducrest* (*Monarchie absolue*),
périssent annuellement de froid, de faim et de misère, se
concerte pour offrir à l'État et aux pauvres, pendant cinq
années consécutives, les dix millions qui lui sont affectés en
dernier lieu.

Ce *don gratuit*, placé si à propos, sera une généreuse
compensation à la froideur dont on se plaignait.

les lèvres de l'infortune, bonheur présenté sous les couleurs les plus vives, tentera l'opulence, et pourra devenir une jouissance *à la mode*, qu'on rougira de ne se point procurer ? Montrez aux propriétaires des bras qui demandent du travail, aux riches des malheureux qui n'ont pas toujours été dans l'indigence, aux âmes sensibles des familles qui sont dignes de recevoir un bienfait, des mères qui voudraient souffrir seules les angoisses de la faim. Que votre œil fatigué de voir des mendians ne se ferme point, que votre regard ne se détourne pas. Prenez garde, vous passez auprès d'un concitoyen, d'un ancien ami, peut-être, d'un homme d'honneur, d'un soldat mutilé, d'un.... *Date obolum Belisario.*

Vous, madame *Duchaume*, je n'ai pas besoin de vous rien dire à cet égard. Non contente de soulager vos pauvres à Pontoise, vous apportez, chaque semaine, aux nôtres, des œufs et du pain. Ce ne sont ni *Rousseau*, ni *Voltaire*, sans doute, qui vous ont enseigné ces bonnes œuvres; mais j'ai la certitude que vous n'y renoncerez point après avoir lu et *Voltaire* et *Rousseau*. Ainsi, honorant Dieu, travaillant pour votre famille, et secourant les pauvres, acceptez, sans scrupule, les *compensations* qu'offrent à ceux qui savent lire ceux qui ont su si bien écrire.

Je suis, en attendant vos œufs frais, madame *Duchaume*, votre ancien ami et compère,

ÉMILE VADÉ,

Ancien Elève de Sainte-Barbe, Marchand de Comestibles, rue du Puits qui parle.

P. S. Deux anciens *Barbistes* (*Barbicolæ diri*), mes camarades, qui ont, en déjeûnant chez moi, parcouru mes premières feuilles, m'observent que j'ai très-mal traduit l'*épigraphe* de ma lettre. Cela n'est pas étonnant : depuis 30 ans que ma grand'mère *Catherine Vadé* m'a cédé sa *boutique de Comestibles*, je n'ai point lu d'autres livres que l'*Almanach des Gourmands*, et je n'ai connu d'autre théâtre que celui de *Brunet*. Oui, malgré les instances de madame *Vadé* qui donne, moitié dans le tragique et moitié dans le haut-comique, j'ai résisté à la tentation de voir Melle. *Mars* et *Talma*, et je ne m'en suis jamais su meilleur gré que *depuis le 7 décembre* 1816.....

Quoi qu'il en soit, j'ai mal traduit ; mais ma faute peut encore se réparer, et je ne suis pas de ceux qui, voulant corriger les autres, s'obstinent à ne jamais se corriger eux-mêmes.

Lisez donc, madame *Duchaume*, comme s'il y avait, après le texte latin, cette version d'un ami des Muses, qui connaît mieux son *Horace* que moi, et qui a su faire de ce délicieux auteur un aimable poète français :

« Il est, loin des excès, un milieu peu connu :
» C'est là qu'il faut rester, c'est là qu'est la vertu ». (*)

Je remercie mes bons camarades, mes aristarques, qui veulent bien venir manger, avec moi, les jambons restés dans ma boutique, les œufs de madame *Duchaume*, et ces *dindes*, autrefois si célèbres, le 4 décembre, à *Sainte-Barbe*,

..... *et sanctam Volucrem, quam, Gangis ab Indo Littore,* BARBICOLIS *tumidum advexere per æquor Loyolidæ patres, solemni absumimus ore.*

M. le Vicaire de *Pontoise* vous expliquera tout cela. Il était avec nous au *Grand Gentilly*, quand *Lemaire* nous régala de ces beaux vers que nous nous plaisons à réciter, par affection pour nos camarades passés, présens et futurs :

« .... *amor omnibus idem*
» BARBICOLIS : *capiat, si qua est discordia, finem* ».

Puisse-t-il en être ainsi sur toute la terre, et particulièrement dans la belle France ! AMEN.

(*) Traduction d'*Horace* par le comte *Daru*, de l'Institut royal de France.

www.ingramcontent.com/pod-product-compliance
Lightning Source LLC
Chambersburg PA
CBHW051734050726
47598CB00003B/1186